BEI GRIN MACHT SICH IHR WISSEN BEZAHLT

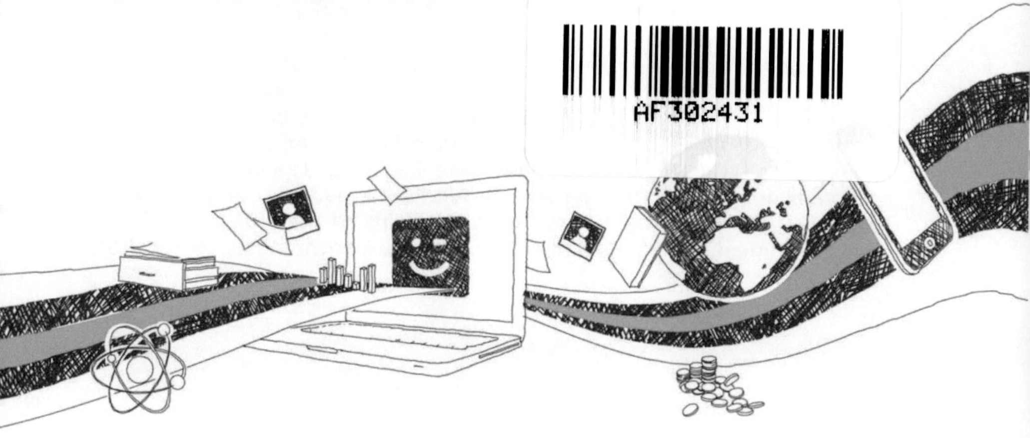

- Wir veröffentlichen Ihre Hausarbeit,
  Bachelor- und Masterarbeit

- Ihr eigenes eBook und Buch -
  weltweit in allen wichtigen Shops

- Verdienen Sie an jedem Verkauf

Jetzt bei www.GRIN.com hochladen
und kostenlos publizieren

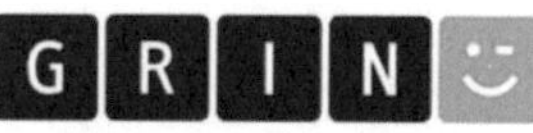

Bibliografische Information der Deutschen Nationalbibliothek:

Die Deutsche Bibliothek verzeichnet diese Publikation in der Deutschen National-
bibliografie; detaillierte bibliografische Daten sind im Internet über http://dnb.d-
nb.de/ abrufbar.

Impressum:

Copyright © 2011 GRIN Verlag, Open Publishing GmbH
Druck und Bindung: Books on Demand GmbH, Norderstedt Germany
ISBN: 9783668488137

Dieses Buch bei GRIN:

http://www.grin.com/de/e-book/370994/parzellierung-der-raeume-bei-edouard-
manet

Katharina Preuth

Parzellierung der Räume bei Edouard Manet

Am Beispiel "Un bar aux Folies-Bergères" (1881-1882)

GRIN Verlag

1. Einleitung und Vorstellung der Auswertungsperspektive

Ausgehend von einer Präsentation im Rahmen des Seminars „Das Fragmentarische in der Kunst des 19. Jahrhunderts" untersucht die vorliegende Arbeit, wie Édouard Manet die Parzellierung der Räume in seinem Gemälde „Un bar aux Folies-Bergères" (1881-1882) vornimmt. Unter einer Parzellierung wird in diesem Zusammenhang die Einteilung eines Raumes – auch im abstrakten Sinn - in bestimmte Sinnabschnitte verstanden. Als Repräsentant dieser Sinnabschnitte stehen einzelne Fragmente, die Manet bewusst zur Ausdruckssteigerung einsetzt. Der Begriff „Fragment", „Fragmentierung" oder die adjektivisch verwandte Form „fragmentarisch" wird im Folgenden im Sinne Fetschers verstanden: „(..) dasjenige, das Zerfall anzeigt als an sich (am Fragment) wirkend, aber noch nicht ganz zerfallen ist." (Fetscher 2006: 11). Ein Fragment steht somit als Symbol für eine radikale Wandlung, deren Ausgang offen ist, d.h. einen totalen Zerfall, gegebenenfalls aber auch einen hoffnungsvollen Neuanfang, beinhaltet. Insofern wird untersucht, welche künstlerischen Aspekte Manet zu einem Pionier seiner Zeit erheben.

Im Kapitel 2. werden dazu die Strömungen und Einflüsse in der Malerei im ausgehenden 19. Jahrhundert dargestellt. Anschließend erfolgt in Kapitel 3. eine Vorstellung von Manet als Künstler unter Einbezug seines künstlerischen Selbstverständnisses. In Kapitel 4. wird das Gemälde „Un bar aux Folies-Bergères" beispielhaft für einen parzellierten Raum untersucht, d.h. nach einer Bildbeschreibung werden die Fragmentierungen aufgezeigt sowie grundlegende Interpretationsansätze nachvollzogen. Kapitel 5. zieht abschließend ein zusammenfassendes Resümee. Aus Gründen der besseren Lesbarkeit wird die männliche Form für alle Personenbezeichnungen gewählt.

2. Strömungen in der Malerei im ausgehenden 19. Jahrhundert

Die Kenntnis der aktuell vorherrschenden Strömung in der Malerei bietet eine erweiterte Lesart und ermöglicht damit ganzheitliche Bildanalyse. Insbesondere die Werke von Künstlern im ausgehenden 19. Jahrhundert sind von politisch-gesellschaftlichen Einflüssen geprägt. Diese Einflüsse und Rahmenbedingungen werden im folgenden Teil beleuchtet.

2.1. Akademie-Malerei

Mit dem Begriff „Akademie-Malerei" wird die Vermittlung von Kenntnissen der Malerei und weiterer Künste durch eine Akademie oder Gesellschaft verstanden (vgl. Der Brockhaus – Kunst 2001: 24). Ausschlaggebend für die vermehrten Neugründungen von Akademien im 14. – 17. Jahrhundert war die Trennung von Handwerk und Kunst. Damit wurde ein neues künstlerisches Bewusstsein geprägt, das im Zeichen der griechischen und römischen Antike stand. Die künstlerischen Werke hatten sich infolgedessen an ästhetischen Prinzipien zu orientieren, die in den „Conférences" (Der Brockhaus – Kunst: 25) durch die "Académie royale de Peinture et le Sculpture" (Paris 1648) festgelegt wurden (vgl. im Folgenden ebd.: 25). Die Prinzipien sahen vor, die Farbe zugunsten der Zeichnung zurückzustellen. Ebenso war es der Kunst auferlegt, die Natur zu korrigieren und in einer einheitlichen Form darzustellen, d.h. willkürliche Abbildungen entsprachen nicht dem Ideal der Akademie. Vielmehr sollten sich die Lehrlinge an der klassischen antiken Kunst sowie beispielhaft an der Darstellungsweise von Raffael oder Nicolas Poussin orientieren. Dabei war die subjektive Einflussnahme des Lehrlings auf das Kunstwerk weitaus weniger gefragt als das Kopieren alter Meister und das formelhafte Lernen von Kompositionsprinzipien. Dominant war die Zentralperspektive, unter der eine „(..) streng geometrische Umsetzung einer *subjektiven*, d.h. der ausschließlich auf den Blickpunkt eines Individuums bezogenen Sicht" (Drost 1999: 159, Kursivstellung im Original) verstanden werden kann. Über dieses perspektivische Mittel wurde eine geschlossene Form erzeugt, „(..) die das Wesentliche in den Bildmittelpunkt stellt und den Blick des Betrachters zum Verstehen des Geschehens und des Zusammenhangs zwischen den Bildgegenständen lenkt (..)" (ebd.: 146).

Die Akademie-Malerei stand aufgrund der höfischen Reglementierung durch die „Conférences" für die Verbreitung des Absolutismus bzw. die absolutistische Repräsentationskunst (vgl. Lexikon der Kunst 1996: 76). In Europa waren die Akademie-Neugründungen, z.B. Wien (1692), Berlin (1696), Stuttgart (1761), Dresden (1764), von dem französischen Vorbild in Paris 1648 beeinflusst (vgl. Der Brockhaus – Kunst 2001: 25). Bis zum aufklärerischen Bestreben am Ende des 18. Jahrhunderts stellte die Akademie-Malerei den Idealtypus künstlerischer Ausrichtung dar (vgl. Drost 1999: 159).

> *Die Maler der Moderne (..) geben die abgerundete, gefällige Komposition*
> *in programmatischer Antihaltung durch Fragmentierung auf.*
> *(Drost 1999, 151)*

2.2. Avantgarde-Bewegung

Die „Avantgarde [1] -Bewegung" steht grundsätzlich für ein „Moment entscheidender Neuerung" (Der Brockhaus – Kunst 2001: 70), das durch einzelne Künstler oder Vereinigungen bewusst eingeleitet wurde (vgl. ebd.: 70). Diese Bewegung beruht auf einer „Funktions- und Sinnkrise von Kunst in der spätbürgerlichen Gesellschaft" (Lexikon der

---

[1] Der Begriff „Avantgarde" stammt aus dem Sprachgebrauch des französischen Militärs und bezeichnet die militärische Vorhut (vgl. Der Brockhaus – Kunst 2001: 71).

Kunst 1996: 362) und bildet damit in ihrem Kern „die leidenschaftliche Suche nach einem neuen Sinn künstlerischen Handelns überhaupt" (ebd.: 362).

Bereits zu Gründerzeiten vieler Akademien in Europa wurde in den sogenannten „Querelle des anciens et des modernes" (Der Brockhaus – Kunst 2001: 71) das ästhetische Vorbild der Antike erstmals öffentlich angezweifelt. Kontinuierlich wandelte sich die akademische, objektivierte Kunstauffassung zugunsten der Empfindungen des Künstlers, so dass man von einer Psychologisierung und einer damit einhergehenden Subjektivierung der Kunstauffassung sprechen kann (vgl. ebd.: 71). In der praktischen Umsetzung zeigten sich avantgardistische Tendenzen durch das Anwenden „neue(r) Strukturen und Verfahren (Betonung von Konflikten, Prozessen, von Analyse, von Fragment; → Collage, → Photomontage usw.)" (Lexikon der Kunst 1996: 362). Sofern sich ein Künstler dieser modernen Verfahren und Strukturen bediente, wurde er in der Regel von der Jury der Salons als nicht ausstellungswürdig, d.h. als nicht „salonfähig", eingestuft. Damit verpassten fortschrittliche Künstler für sie wirtschaftlich bedeutende Ausstellungen. Infolgedessen organisierten sie sich in einer Parallelbewegung zur offiziellen Kunstausstellung – dem „Salon des Refusés" (Der Brockhaus – Kunst 2001: 25).

Epochal durchzieht die Avantgarde-Bewegung verschiedene moderne Kunstrichtungen, wie z.B. den Expressionismus, Kubismus, Futurismus, die abstrakte Kunst und Dada. Die Definitionsansätze sind dabei unterschiedlich weit gefasst und setzen den Beginn der Avantgarde-Bewegung entsprechend unterschiedlich an. Bereits ausgeprägte fortschrittliche Tendenzen sind allerdings in der Stilrichtung des Impressionismus[2] erkennbar, die einen Bruch mit der klassischen Akademie-Malerei kennzeichnen (vgl. Lexikon der Kunst 1996: 362). Es ist daher legitim die Avantgarde-Bewegung mit dem Aufkommen des Impressionismus in eine zeitliche Reihe zu stellen.

2.3 Einflussgrößen des Umdenkens

Beflügelt durch die Gedanken der Aufklärung und politischen Befreiungsschläge setzte im 19. Jahrhundert in Europa eine Welle der Technisierung und Urbanisierung ein: Menschen

---

[2] Der Impressionismus ist eine Stilrichtung der Kunst, die sich zwischen 1860 und 1870 in Frankreich entwickelt hat. Das Kennzeichen des Impressionismus ist die Wiedergabe des momentanen Eindrucks der Dinge, d.h. der Künstler folgt seinen *Impressionen*. Helle, reinbunte Farben, die eher kurz und stark aufgetragen werden, unterstützen die Lichtführung im Gemälde. Die Komposition zeichnet sich durch einen offenen Bildaufbau und eine uneinheitliche Perspektive aus. Die Künstler wenden sich Landschaften und alltäglichen Szenen zu. Dadurch lässt sich aus die Bedeutung der Lichtführung im Gemälde erklären (vgl. Der Brockhaus – Kunst 2001: 510ff.; vgl. auch Imdahl 1996: 500 ff.).

fanden sich in arbeitsteiligen, anonymen Großstädten wieder und waren damit vielfältigen Eindrücken und Einflüssen ausgesetzt. Für die Kunst war vor allem die Erfindung eines Fotografie-Verfahrens, die nach dem Erfinder Daguerre benannte Daguerreotypie, von Bedeutung (vgl. Drost 1999: 150). Diese neuartige Form bot den damaligen Künstlern ein bisher unvorstellbares Repräsentationspotenzial von alltäglichen Szenen und beschleunigte damit ihr Arbeiten. So spricht Kacunko auch von einer „fotografische(n) Enttabuisierung in den 40er- und 50er-Jahren (des 19. Jahrhunderts, Anmerkung K.W.)“ (Kacunko 2011: 491).

In diesem Zusammenhang muss allerdings herausgestellt werden, dass Künstler die Fotografie nicht ausschließlich zur Imitation genutzt haben. Der französische Maler Degas hat beispielsweise eine Straßenszene als Anregung für sein scheinbar willkürlich angeordnetes Gemälde „Place de la Concorde“ (vgl. Abb. 3) genutzt und damit eine Momentaufnahme künstlerisch *weiterentwickelt*. In diesem Sinne treibt der Maler die Kontingenz einer Szene auf die Spitze und steigert auf diese Art und Weise vielmehr den Ausdruck (vgl. Imdahl 1996: 192 und auch 504 ff.).

Die Avantgarde-Bewegung ist rückblickend betrachtet als logische Reaktion der Künstler auf die politisch-gesellschaftlichen und technischen Umbrüche zu verstehen: Die Künstler der damaligen Zeit nahmen ihre persönlichen Eindrücke und Empfindungen zum Anlass und verarbeiteten diese in ihren Werken. Daher wurde die „Darstellung des Großstadtlebens (..) nach der Mitte des 19. Jahrhunderts zum zentralen Anliegen der Maler“ (Drost 1999: 151). Ebenso nahmen ausschnitthafte Bildformen ab der zweiten Hälfte des 19. Jahrhunderts zu (vgl. Ihmdahl 1996: 192). Diese fragmentarischen Darstellungen stehen als pars pro toto für *eine* Erscheinung: Der Betrachter hat das Gemälde als *„suggesti*ve Ellipse“ (Drost 1999: 147, Kursivstellung im Original) zu verstehen, die eine Ganzheit repräsentiert. Die Form und Auswahl des Ausschnitts zeugen wiederum von der subjektiven Perspektive des Malers, die einen Interpretationsspielraum eröffnet.

3. Verortung Manets als Künstler

Der französische Maler Édouard Manet (1832 – 1883) wird klassischerweise dem aufkommenden Impressionismus zugerechnet. Diese Zuschreibung muss allerdings kritisch betrachtet werden, da er als Figurenmaler eher „(..) von den Gegenständen des modernen, urbanen Lebens fasziniert war.“ (Moffett 1984: 29). Körner betitelt ihn als „Dandy – Flaneur – Maler“ (vgl. Buchtitel von Körner 1996) und bringt damit die rege Beteiligung Manets am Pariser Stadtleben zum Ausdruck. Im thematischen Gegensatz zu Manet stand die überwiegende Zahl der Impressionisten, die Landschafteindrücke *en plain air* einzufangen versuchte (vgl. Moffett 1984: 29). Dennoch steht sein künstlerisches Selbstverständnis ganz im Zeichen einer realitätsnahen Beobachtung:

> Der Künstler sagt heute nicht: Kommt und seht euch fehlerlose Werke an, sondern: Kommt und seht euch ehrliche Werke an. Es ist eine Wirkung der Ehrlichkeit, daß die Werke eine Art mitbekommen, die sie einem Protest ähnlich macht, während der Maler doch nur daran dachte, seinen Eindruck wiederzugeben. (Trost 1959: 9)

Als Künstler kämpfte Manet sein gesamtes Leben lang um die Anerkennung der einflussreichen Pariser Akademie. Außer einer ehrenhaften Erwähnung im Jahr 1861 und einer Medaille zweiter Klasse im Jahr 1881 wurden seine Bilder von der Jury des Pariser Salons abgelehnt (vgl. Kacunko 2011, 475; vgl. Moffett 1984: 29 ff.). Aufgrund seiner beharrlichen Anerkennungsbestrebungen schloss er sich vermutlich keiner künstlerischen Gegenbewegung von Impressionisten an, der u.a. nennenswerte Künstler wie Monet, Renoir und Degas angehörten. Eine gemeinsame Ausstellung dieser Künstler zusammen mit Manet fand daher nicht statt. Allerdings fühlte er sich diesen Künstlern freundschaftlich verbunden und empfahl ihre Art und Weise der Malerei gegenüber Kritikern (vgl. Moffett 1984: 31). Zudem war er rege an den Treffen von Malern und Dichtern der Avantgarde in Pariser Cafés beteiligt und kann überdies als „Schlüsselfigur" (ebd.: 32) und führender Kopf in diesem künstlerischen Austausch bezeichnet werden. Dabei wirkte er in seinem Auftreten auf seine Weggefährten weniger dominant, überzeugte jedoch mit seiner uneingeschränkten Überzeugung von der Modernität der Malerei (vgl. ebd.: 31 ff.). So spricht auch Nochlin von „pictorial modernism" (Nochlin 1994: 31), wenn sie Manet künstlerisch einordnen soll. Diese Neuartigkeit und Charakteristik Manets Stil liege in seinen abgeschnittenen Kompositionen und Kompositionen mit fragmentarischen Strukturen (vgl. ebd.: 31). Der Kunstkritiker Fried setzt mit Manet sogar einen Meilenstein in der Geschichte der Malerei, da er seit Manet von einer „Enthüllung ihrer (der Geschichte der Kunst, Anmerkung K.W.) essentiellen Objekthaftigkeit" (Fried 1998: 354) ausgeht.

4. "Un Bar aux Folies-Bergères" – Eine Untersuchung

Im folgenden Teil wird das Gemälde „Un bar aux Folies-Bergères" (1881-1882) (s. Abb. 1) von Manet auf seine fragmentarischen Anteile hin untersucht und in den Grundzügen interpretiert. Die exemplarische Auswahl dieses Bildes ist nicht zufällig, denn „fragmentarische Strukturen sind in der künstlerischen Darstellung von Innenräumen durch abrupte Segmentierung noch ausgeprägter" (Drost 1999: 151). Hinzu kommt der Aspekt, dass dieses Gemälde als „das berühmteste Spiegel-Bild Manets" (Körner 1996: 198) gewertet wird.

Diese Aussage dürfte auf eine vielschichtige Komposition deuten, die den Erkenntnisgewinn für die vorliegende Arbeit vorantreibt.

<u>4.1 Bildbeschreibung und –hintergründe</u>

Das Gemälde fasst eine Szene in einer Pariser Bar ein (vgl. im Folgenden Imdahl 1996: 497). Im Vordergrund befindet sich eine angeschnittene, durchgehende Thekenfläche in leichter Aufsicht, die zahlreiche Flaschen am rechten und linken Bildrand sowie eine Orangenschale und zwei Rosen im Glas in der Thekenmitte beherbergt. An dieser Theke stützt frontal, aufrecht und bildmittig ein Barmädchen mit beiden Armen - den Blick direkt auf den Bildbetrachter gerichtet. Ihr Gesichtsausdruck verrät keine Aktivität. Die Knopfleiste ihres Kleides markiert die vertikale Bildachse. Im Hintergrund ist eine Spiegelfläche angebracht, die nicht über den Bildrand hinweg nach oben und zu den Seiten begrenzt ist. Die untere Spiegelfläche ist durch einen Goldrahmen gekennzeichnet. Insgesamt nimmt die Spiegelfläche etwa 4/5 der gesamten Bildfläche ein. Das Spiegelbild zeigt eine feiernde Gesellschaft in zeitgenössischer Kleidung auf einem großen Balkon. Einige dieser Leute beobachten einen Trapeztänzer mit Ferngläsern im oberen linken Bildrand, den der Betrachter allerdings nur aufgrund der Darstellung seiner Beine und des Trapezes erschließen kann. In der äußeren rechten Bildhälfte spiegeln sich das Barmädchen sowie ein Mann mit schwarzem Anzug und Zylinder. Der gespiegelte Mann ist im Anschnitt zu sehen und überragt das Spiegelbild des Barmädchens. Die Elemente der Theke werden ebenfalls im Spiegel wiedergegeben. Sämtliche Spiegelungen des Vorder- und Mittelgrunds sind perspektivisch unrealistisch und damit verzerrt. Die eingesetzten Ölfarben unterstützen den Eindruck einer lichtdurchfluteten Landschaft im Spiegelbild, während die Bar und das Barmädchen im Vordergrund mit dunkleren, kräftigeren Farbtönen davon abgehoben sind.

Das Bild entstand aus einer vorangegangenen Skizze (s. Abb. 2), die sich kompositorisch von der Endfassung des Bildes in wesentlichen Aspekten unterscheidet (vgl. im Folgenden Imdahl 1996: 512 f.; vgl. auch Körner 1996: 198): Das Barmädchen steht in der Skizze leicht zur rechten Seite versetzt und blickt ebenso seitwärts gewendet aus dem Bild heraus auf den Betrachter. Die Spiegelung des Barmädchens und des Mannes sind perspektivisch nachvollziehbar und hintereinander logisch gestaffelt. Die Theke wird nicht in einer überhöhten Aufsicht dargestellt und besitzt eine rechte äußere Ecke, die den Betrachter gleichermaßen rechts verortet. Über die bisher genannten Kompositionselemente wird der Betrachter in die verbildlichte Szene einbezogen, so dass er scheinbar die Figur des gespiegelten Mannes mit Zylinder einnimmt. Die Endfassung des Bildes weist hingegen aufgrund der perspektivischen Irritationen im Spiegel auf einen doppeldeutigen Betrachterstandort hin.[3] Damit ist die Endfassung gegenüber der Skizze stark verfremdet.

Der Ort der Handlung ist von Manet nicht frei erfunden, d.h. es existierte tatsächlich eine *Bar in den Folies-Bergères:*

> 1869 waren die Folies-Bergère eröffnet worden, ein zu einem riesigen Vergnügungszentrum gesteigertes „Café-concert". Die Summierung öffentlicher Vergnügungen – Theatervorstellungen, Ballett, akrobatische Darstellungen – und über all dem die prickelnde Atmosphäre der heimlichen Prostitution, zu deren Zentrum sich die Folies-Bergère herausbildeten, machten das Etablissement zum Symbol des Pariser Nachtlebens. (Körner 1996: 198)

Das dargestellte Barmädchen wird in der Auslegung von Körner als *Suzon*, eine real-existierende Bardame der damaligen Folies-Bergères, beschrieben (vgl. Körner 1996: 198; vgl. auch Imdahl 1996: 527). Eine andere Sichtweise geht davon aus, dass das Barmädchen Manets letzter großen Liebe, *Méry Laurent*, nachempfunden ist (vgl. Kacunko 2011: 480).

4.2 Innovationen als Fragmentierungen

Was unterscheidet nun Manets Bar von den Werken anderer Künstler der damaligen Zeit?

Die innovativen Aspekte werden im Verlauf dieser Ausführungen als Fragmentierungen auf unterschiedlichen Ebenen gekennzeichnet, die entsprechend unterschiedliche Sinnabschnitte im parzellierten Raum der Bar repräsentieren. Dabei findet ein Rückgriff auf die klassische Akademie-Malerei (s. Punkt 2.1) statt. Ebenso klingen in diesem Punkt erste, grundlegende Interpretationsansätze an.

1. Fragmentierung des Raumes: Das Gemälde gibt lediglich einen *Ausschnitt* des tatsäch-lichen Raumes wieder, d.h. alle Seiten des Gemäldes könnten beliebig weitergeführt werden: Das Spiegelbild der Pariser Gesellschaft ist nach oben und zu den Seiten offen. Ebenso ist die Theke unbegrenzt und im unteren Bereich angeschnitten. Lediglich der untere Goldrand des Barspiegels zeigt eine Begrenzung auf, die jedoch wiederrum als waagerechte Linie die scheinbare Unendlichkeit der Theke betont. Hier findet ein offensichtlicher Bruch mit der geschlossenen, einheitlichen Komposition der Akademie-Malerei statt. Manet bringt sich als

---

[3] Körner bezieht auch das verzerrte Spiegelbild des Barmädchens in die Wechselwirkung der dargestellten Personen und des Betrachters in seine Auslegung mit ein und geht daher von einer „Viereckskonstellation" (Körner 1996: 200) aus, d.h. das Barmädchen und der Betrachter spielen aufgrund der falschen Spiegelungen eine Doppelrolle. Die jeweilige Identifikation mit der abgebildeten Person, die ein verzerrtes Spiegelbild besitzt, stuft Imdahl als Verstehensleistung des Betrachters ein (vgl. Imdahl 1996: 515 f.). Andere Autoren sehen das Spiegelbild des Mannes als einzige Möglichkeit, dem isoliert wirkenden Barmädchen zu begegnen (vgl. Günter Busch in Imdahl 1996: 520). Wiederum andere Autoren sehen keine Möglichkeit der Identifikation mit Mann, da seine Erscheinung im Spiegel – ebenso wie das Spiegelbild des Barmädchens – Gedankenspiele des Barmädchens seien (vgl. Hans Jantzen in Imdahl 1996: 521).

Subjekt in das Gemälde ein, indem er der gesellschaftlichen Szene einen *eigenen* Rahmen setzt. Eine vergleichbare, eigenwillige Grenzziehung nimmt Manet im „Bal masqué à l'Opéra" (s. Abb. 4) vor. Nochlin betrachtet diese fragmentierte Raumdarstellung als eine neue Repräsentationsform der Realität im 19. Jahrhunderts, die ähnlich einer Fotografie keine narrative Entwicklung besitzt. Vielmehr scheint vollkommene Kontingenz die Darstellung zu beherrschen (vgl. Nochlin 1994: 37).

2. Fragmentierung der Personen: Alle Personen in Manets Bar sind abgeschnitten bzw. nur im Anschnitt erkennbar: Die Beine des Barmädchens sowie ihre Hände sind hinter der Theke abgeschnitten. Das Spiegelbild des Mannes mit Zylinder ist fast ausschließlich nur als Oberkörper erkennbar und zudem rechts angeschnitten (vergleichbare Abbildung des Voyeurs sowie der Protagonistin im zentralen Mittelfeld findet in „Nana" statt, s. Abb. 5). Die feiernden Menschen in der Bar sind durch den Balkon im Unterkörper abgeschnitten und überlagen sich gegenseitig, so dass eine perspektivische Fragmentierung stattfindet. Schließlich ist auch der Trapeztänzer nicht als vollständige Person abgebildet. Im Sinne der bisherigen Einstufung von Fragmenten bildet Manet hier menschliche Bruchstücke ab, die ihre „Ganzheit" verloren. Diese Bruchstücke können sinnbildlich für eine Einheit bzw. Gesellschaft stehen.

3. Fragmentierung der Perspektive: Die Perspektive wird durch die unrealistischen Spiegel-bilder der Personen und Gegenstände sowie die Aufsicht des Betrachters auf die Theke verzerrt. Die Blickführung ist dadurch gestört: Spiegelung, Fiktion und Realität fließen ineinander (vgl. Kacunko 2011: 479). Der Betrachter wird zum mehrfachen Betrachten der Komposition angehalten. Wie in 4.1 beschrieben, ist der Betrachterstandort mitunter als doppeldeutig zu verstehen. Damit löst sich die Zentralperspektive der Akademie-Malerei zugunsten einer multiperspektivischen Sicht auf die Dinge auf. Insofern seien kubistische Darstellungen bei Picasso oder Braque, die das Vorstellungsvermögen des Betrachters fordern, der Darstellung von Manets Bar durchaus ähnlich (vgl. Günter Busch in Imdahl 1996: 519).

4. Fragmentierung der Wahrnehmungsebenen: Auch wenn die feiernde Gesellschaft im Bildhintergrund wahrhaftig erscheint, muss dem Betrachter vor Augen geführt werden, dass es sich lediglich um eine Abbildung derer in einem überdimensionalen Spiegel handelt. Die Darstellung ist daher per se bruchstückhaft, weil ein Spiegel der unmittelbaren Wahrnehmung zwischengeschaltet ist. Die vorangegangene Fragmentierung der Perspektive wird nicht zuletzt auch durch den Spiegel befördert: die feiernde Gesellschaft wirkt auf den Betrachter ausufernd. Der unmittelbare Raum der Bar wird ebenfalls optisch vergrößert (vgl. Imdahl 1996: 497). Der Spiegel erfährt bei Manet durch seine innewohnende Fähigkeit zur

Vieldeutigkeit eine besondere Zuwendung (vgl. Kacunko 2010: 471 ff.; vgl. auch Körner 1996: 198).

5. Fragmentierung der Beziehungsebenen: Obwohl zwei Personen in scheinbarer Nähe zueinander dargestellt werden, ist die Bildatmosphäre von einer starken Isolation und Beziehungskälte geprägt: Das Barmädchen zeigt in der Frontalansicht keinerlei Aktivität im Gesichtsausdruck. Der ohnehin perspektivisch verwirrte Betrachter findet keinen Zugang zu ihr. Nur in der Spiegelung wird eine Beziehungsebene zwischen den beiden sichtbar, die allerdings eher einseitig zugunsten des Mannes ausgelegt ist – wie die damals berüchtigten Aktivitäten der Bar vermuten lassen. Die Frau steht somit in einem mehr oder weniger offensichtlichen Konflikt mit der von ihr erwarteten Rolle als Prostituierte und der Rolle als reflektierte Person (vgl. Werner Hofmann in Imdahl 1996: 525). Dies zeigt eine fragmentierte Beziehungsebene nicht nur zwischen unterschiedlichen Personen, sondern auch innerhalb *einer* Person (dem Barmädchen) auf. Die reine Abbildung der Personen zeugt nur noch von einem vormals ungestört existierenden Beziehungsverhältnis. Manets Gemälde „Le déjeuner (Dans l'atelier)" (s. Abb. 6) verhält sich in der scheinbaren Regungslosigkeit der Personen zueinander parallel zu Manets Bar. Die Hauptfigur des Jungen im Vordergrund ist durch den Gesichtsausdruck ebenfalls stark isoliert, gleichsam der Bardame in „Un bar aux Folies-Bergères" (vgl. Imdahl 1996: 508 ff.). Die harmonische Einheit der Figuren aus der klassischen Malerei ist auch auf dieser Ebene vollkommen gestört.

Die zahlreichen Brüche mit den Grundsätzen der Akademie-Malerei zeugen in ihrem gesamten Wirkungsspektrum nicht von einem Unvermögen des Künstlers Dinge „richtig" darzustellen, sondern vielmehr von einer innovativen Malweise zur Ausdruckssteigerung. Die Abfolge der aufgezeigten Fragmentierungsebenen ist dabei bewusst gewählt, so dass angefangen von der *offensichtlichen* Fragmentierung des Raumes immer *subtilere* Fragmentierungsebenen aufgedeckt werden.

4.3 Der Blick des Barmädchens als Interpretationsansatz

Die Fragmentierungsebenen in Manets Bar sind, wie eben aufgezeigt, vielschichtig und eröffnen jede für sich einen hohen Interpretationsspielraum. Imdahl stellt daher fest: „Eine einzige und eindeutige Verständnisebene wird sich nicht angeben lassen (..)" (Imdahl 1996: 527). Bücher befassen sich eigens mit der Auslegung von Manets Bar (vgl. Ross 1982; vgl. auch Collins 1996). Die vorliegende Arbeit stellt beispielhaft einen Ansatz vor, der sich als Konzentration auf den bemerkenswerten Blick des Barmädchens ergibt. Insofern erfolgt an dieser Stelle eine stark fragmentierte Interpretation des Gemäldes. Die anschließende

Auslegung soll „als eine visuelle Information über historische Umstände" (Imdahl 1996: 529) verstanden werden. Dies bedeutet eine werkimmanente Interpretation im weiten Sinn.

Wie bereits in Punkt 4.2/ 5. Fragmentierung der Beziehungsebenen dargestellt, lässt der Blick des Barmädchens keine Beziehungsebene zum Betrachter aufkommen: ihr Blick wirkt leer, apathisch, gelangweilt, arrogant und aktionsunfähig. Durch die zentrale Komposition, die zusätzlich durch falsche Spiegelungen der Flaschen unterstützt wird (vgl. Imdahl 1996: 513 f.), rückt Manet das Barmädchen und mit ihrem einzigartigen Blick in den Vordergrund des Interpretationsinteresses. Hans Jantzen sieht in der einsam blickenden Gestalt des Barmädchens eine Personifikation der Einsamkeit und Verarmung eines Großstadtmenschen (vgl. Hans Jantzen in Imdahl 1996: 522). Diese Sichtweise kann durch den Ansatz von Georg Simmel zum Geistesleben in den Großstädten gestützt werden: Die Großstadt schaffe eine *„Steigerung des Nervenlebens"* (Simmel 2009: 103, Kursivstellung im Original) durch das Darbieten vielfältiger und stark fluktuierender Eindrücke. Die Bewohner von Großstädten würden ein „Schutzorgan gegen die Entwurzelung" (ebd.: 104) entwickeln, d.h. sie würden auf Gegebenheiten mit Verstand anstatt mit Gefühl reagieren und daher einen unnahbaren Intellekt versprühen. Durch diesen Umstand sei die gegenseitige Entfremdung der untereinander bedingt. Ebenso seien in diesem Zusammenhang die Sitze der Geldwirtschaft in einer Großstadt zu sehen, die für eine Entindividualisierung und eine Versachlichung von Beziehungsebenen stehen würden (vgl. ebd.: 104). Simmel beschreibt die Unfähigkeit der Bewohner von Großstädten angemessen auf die Einflüsse von außen zu reagieren als *Blasiertheit*. In der Folge könnten Unterschiede zwischen den Dingen nicht mehr entsprechend wahrgenommen werden, d.h. die vielfältigen Eindrücke der Großstadt würden ihre Einzigartigkeit verlieren und zu einem einzigen Eindruck zusammenfließen, der in einer Reizüberflutung münden würde. Daher bilden Großstädte für ihn „die eigentlichen Stätten der Blasiertheit". (ebd.: 107). Ohne diese Form der Distanzierung wäre eine „Überleben" in der Großstadt nicht denkbar und wird daher von Simmel als „elementare(n) Sozialisationsform(en)" (ebd.: 108) bezeichnet. Der Blick des Barmädchens kann nach diesem Ansatz als Ausdruck von Blasiertheit gedeutet werden. Ihr Blick liefert die visuelle Information der Reizüberflutung und Überforderung der Menschen des ausgehenden 19. Jahrhunderts mit den Prozessen der Urbanisierung. Durch den leeren Blick schottet sie sich von der feiernden Gesellschaft und dem Betrachter ab und schützt damit ihre eigene Person. Diese Auslegung offenbart eine kulturkritische Sicht Manets, die auch Kacunko teilt (vgl. Kacunko 2011: 479 f.). Die Bar als eigentliche Stätte der Freude und Zusammenkunft ist für die Menschen in ihr Gegenteil umgeschlagen, die die Großstadt und die damit verbundenen Veränderungen sensibel wahrnehmen und reflektieren. Manet darf als Bewohner von Paris, Flaneur, Avantgarde-Persönlichkeit und schließlich als Künstler unter diesen Menschen vermutet werden.

> *„Die Welt wird von jenen Malern und Dichtern der 2. Hälfte des 19. Jahrhunderts, die mit Spürsinn für das erregend Neue begabt waren, wissentlich und kunstvoll als unüberschaubar, als bruchstückhaft geformt – eben als fragmentarisch."*
>
> *(Drost 1999: 164)*

5. Zusammenfassendes Resümee

Die vorliegende Untersuchung stand unter dem Fokus von parzellierten Räumen bei Édouard Manet. Dazu wurde beispielhaft sein Gemälde „Un bar aux Folies-Bergères" (1881-1882) herangezogen, um die Parzellierung bzw. Fragmentierungen aufzuzeigen. Die Analyse ergab Fragmentierungen auf verschiedenen Ebenen, die eine Auflösung des Raumes, der Personen, der Perspektive, der Wahrnehmungsebenen und schließlich der Beziehungsebenen bedingt. Kacunko sieht in diesem Bild daher zurecht Manets letztes großes Werk „(..) in dem alles zur Reflexion geworden ist" (Kacunko 2011: 479). Die scheinbare Kontingenz, die beispielsweise die Auflösung des Raumes erzeugt, erweist sich als bewusst eingesetztes Kompositionsmittel Manets. Eine der zahlreichen Interpretationslinien wurde als Blasiertheit des Barmädchens als Folge der Reizüberflutung innerhalb einer Großstadt nachvollzogen. Diese kulturkritische Sicht wurde allerdings nur vor dem historischen Hintergrund des ausgehenden 19. Jahrhunderts sichtbar: die vorherrschende Akademie-Malerei erfuhr durch moderne Künstler der Avantgarde – eben auch durch Manet – eine entscheidende Neuerung.

Die Leistung Manets darin, als feinfühliger Beobachter seiner Zeit soziale Konstrukte zu reflektieren und vielmehr noch so zu visualisieren, dass es nicht die *eine* Auslegung gibt. Dies kommt m.E. einer geheimen Sprache/ Kodierung nahe, die Manet geschickt und ebenso offensichtlich wie subtil anwendet. Die zahlreichen Deutungsansätze lassen eine Übertragung des Gemäldes auf heutige gesellschaftliche Strukturen zu. Gleichzeitig verliert das Gemälde in dieser Allgemeingültigkeit nicht seine Wurzeln und wird als Monument des malerischen Aufbruchs in die Moderne unverwechselbar bleiben.

Abbildungsverzeichnis (besser: Werkverzeichnis):

Abb. 1: Édouard Manet: „Un bar aux Folies-Bergères" (1881-1882). London, Home House
    Trustees, Courtauld Institute Galleries. Öl auf Leinwand, 96 x 130 cm.

Abb. 2: Édouard Manet: „Étude pour un bar aux Folies-Bergères" (1881). Amsterdam, Stede-
    lijk Museum. Öl auf Leinwand, 47 x 56 cm.

Abb. 3: Edgar Degas: „Place de la Concorde" (1875), Standort unbekannt.

Abb. 4: Édouard Manet: „Bal masqué à l'Opéra" (1873). Washington, D.C., National Gallery
    of Art. Öl auf Leinwand, 60 x 73 cm.

Abb. 5: Édouard Manet: „Nana" (1877). Kunsthalle Hamburg.

Abb. 6: Édouard Manet: „Le déjeuner (Dans l'atelier)" (1868). München, Neue Pinakothek.
    Öl auf Leinwand, 118 x 153 cm.

Literaturverzeichnis:

Collins, Bradford R. (ed.): 12 Views of Manet's *Bar*. Princeton 1996.

Der Brockhaus – Kunst. Künstler, Epochen, Sachbegriffe. 2., völlig neu bearbeitete Auflage.
    Herausgegeben von der Lexikonredaktion des Verlags F.A. Brockhaus. Mannheim
    2001, S. 24 – 25, S. 70 – 71, S. 510 – 512.

Drost, Wolfgang: Fragmentarische Strukturen in der französischen Malerei des 19. Jahrhun-
    derts. Von Manet und Degas bis Flaubert. In: Camion, Arlette/ Drost, Wolfgang/
    Leroy, Geraldi/ Roloff, Volker (Hrsg.): Über das Fragment – Du Fragment. Band IV
    der Kolloquien der Universitäten Orléans und Siegen. Heidelberg 1999, S. 145 – 179.

Fetscher, Justus: Tendenz, Zerissenheit, Zerfall. Stationen der Fragmentästhetik zwischen

Friedrich Schlegel und Thomas Bernhard. In: Sorg, Reto/ Würffel, Bodo (Hrsg.): Totalität und Zerfall im Kunstwerk der Moderne. München 2006, S. 11 – 31.

Fried, Michael: Kunst und Objekthaftigkeit. In: Stemmrich, Gregor (Hrsg.): Minimal Art. Eine kritische Retrospektive. Dresden 1998, S. 334 – 374.

Imdahl, Max: Gesammelte Schriften. Band 1. Zur Kunst der Moderne. Frankfurt am Main 1996, S. 181 – 193, S. 497 – 533.

Kacunko, Slavko: Spiegel – Medium – Kunst. Zur Geschichte des Spiegels im Zeitalter des Bildes. München u.a. 2010, S. 471 – 491.

Körner, Hans: Edouard Manet. Dandy – Flaneur – Maler. München 1996.

Lexikon der Kunst. Band 1. München 1996, S. 75 – 76, S. 361 – 363.

Moffett, Charles S.: Manet und der Impressionismus. In: Monet 1832 – 1883. Katalog zu den Ausstellungen „Paris, Galeries Nationales du Grand Palais 22. April – 8. August 1983" und „New York, The Metropolitan Museum of Art 10. September – 27. November 1983". Berlin 1984, S. 29 – 35.

Nochlin, Linda: The Body in Pieces. The Fragment as a Metapher of Modernity. New York 1994.

Ross, Novelene: Manet's *Bar at the Folies-Bergère* and the Myths of Popular Illustration. Studies in the Fine Arts. The Avant-Garde, No. 34. Michigan 1982.

Simmel, Georg: Die Großstadt und das Geistesleben. In: Lichtblau, Klaus (Hrsg.): Soziologische Ästhetik. Wiesbaden 2009, S. 103 – 114.

Trost, Heinrich (Hrsg.): Welt der Kunst – Edouard Manet. Berlin 1959.